Kommunikation ist außen real und innen abstrakt

www.thomassonnberger.wordpress.com

Literaturliste:

Jürgen Habermas, Theorie des kommunikativen Handelns
E. Kandel, Biologie des Geistes, Suhrkamp
D. Kahnemann, Spiegel.de, Wikipedia
B. Mandelbrot, Wikipedia
Thomas Sonnberger, Geheimnis der Emotionen, BoD
Thomas Sonnberger. Kommunikation als Rezept, BoD
Thomas Sonnberger, Zeitmanagement, BoD
Thomas Sonnberger, Supermacht Emotionen: Wir starten durch, BoD
Thomas Sonnberger, Super(t)raum Wohnraum: Wohnen ist eine Liebesbeziehung, BoD

Ohne Hypnose zu magischen Kräften

Kommunikation entscheidet über Glück

Schau mir in die Augen, Darwin!

Personalstrategie

ist Unternehmensstrategie

Bewegung ist eine Liebesbeziehung

Komm wie Du willst

Copyright © 2014
8. Auflage 2015
Alle Rechte vorbehalten.
Zur Verwendung dieses Werkes, auch auszugweise, bedarf es auf alle Fälle der schriftlichen Genehmigung des Autors. Es gelten die AGBs von Thomas Sonnberger.

Druckfehler, Änderungen und Irrtümer vorbehalten. Auch die beste Theorie kann nur einen Ausschnitt der Wirklichkeit zeigen. Die Zukunft ist offen.

Wenn Sie eine Frage zum Buch haben, dann schicken Sie eine E-Mail an:
T.Sonnberger@hotmail.com

ISBN: 9783735778581
Herstellung und Verlag: BoD – Books on Demand, Norderstedt

Emotionen wirken doppelt

Was bedeutet glückliches Lernen?
Was bedeutet glückliches Verdienen?

Eine Studie der Columbia Business School bestätigt, dass Kleidung sogar die Noten (!) beeinflusst.

Deshalb können wir sagen, dass Kleidung und Wohnung doppelt wirken, indem sie das Bewusstsein stärken und die Stimmung vorhersagen.

Warum beschäftigen wir uns mit dem Thema Geld?

Weil zuwenig Geld: Stress bedeutet. Dem Schuldner trifft meistens die Härte des Gesetzes, weil er nicht geopfert hat. Dabei fragt niemand wie es zu den Schulden gekommen ist, und ob die Vergabe gerecht war.
Auch die Finanzkrise beflügelt Zusammenbruchsfantasien, die unhygienisch bis unnötig sind. Diese Fantasien sind mit den Riten einfacher Völker vergleichbar. Dabei werden Jugendliche sinnwidrig gequält, verletzt, um erwachsen zu werden.

Wir wissen , dass kein Hypnotiseur hypnotisieren kann, sondern wir selbst vollbringen die wunderbare, nahezu unglaubliche Leistung.

Wenn wir glaubwürdig sind, neutralisieren wir die Situation und unsere Organe werden gestärkt. Dadurch können wir bekanntlich Berge versetzen. Wir müssen die Erfahrung unserer Zellen, die 3,5 Milliarden Jahre beträgt, die Kraft des Universums anregen und lenken.

Auch der Preis der Mona Lisa von Leonardo da Vinci versetzt so manche finanzielle Vorstellung oder Berge.

Hot Spot: Get Your Groove Back

Hand aufs Herz! Kennen Sie die Löcher in der Abwehr und im Aufbau Ihrer Kommunikation?

Es gibt drei Arten von Emotionen oder Intelligenz:

- die künstliche Emotion: Kunst
- die natürliche Emotion: Natur und
- die menschliche Emotion: Mensch.

Idealerweise kombinieren wir die Emotionen, womit wir ein Burnout vergessen können.

Deshalb Get Your Groove Back, denn Musik stärkt uns immer,
meint,
Ihr

Thomas Sonnberger

Kapitel 1

GLAUBWÜRDIGKEIT VERSETZT BERGE

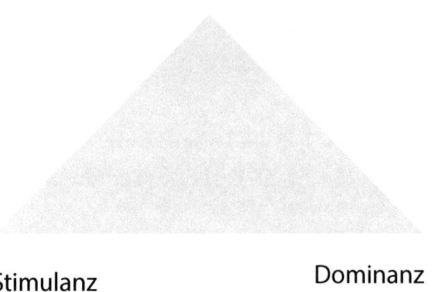

Der Mensch verfügt über eine Ausdauer von der Tiger, Puma und Elefanten nur träumen können.

How does it feel
to be your own
with no direction home
like a rolling stone

Bob Dylan

Ursachen

Zuwenig Geld ist ein großer Stressor.
Dabei bedeutet Geld: vergelten, vergüten, ausgleichen. Zuwenig Lernen ist ebenfalls ein Stressor.
Dabei bedeutet Lernen, es klingt wie ein Witz, leihen.
Kennen Sie auch Situationen, in denen Sie unsicher sind, obwohl Sie sich auf jemanden verlassen können?
Was andere über Sie denken?
Wie dieses oder jenes gemeint war?
Warum sich jemand nicht gleich meldet? Wenn die Gedanken die Aufmerksamkeit fressen?

Aber wie beheben?

Gemäß der psychologischen Forschung bleibt uns der I.Q ein Leben lang erhalten!

Anders sieht es aus, wenn wir die Plastizität des Gehirns betrachten, will heißen, wenn wir die Emotionen einsetzen.

Was ist Leid? Leid ist Gewalt gegen uns selbst. Sie waren ganz vorne mit dabei, aber leider..."
Was nützen alle diese Worte?

Super(t)raum Wohnraum:
Wohnen ist eine Liebesbeziehung

Pflanzen im Büro, in der Wohnung steigern nicht nur das Wohlbefinden, sie nehmen Druck und wandeln diese in Kreativität.

Ein banales Foto, Musik, Bilder von Picasso, Klimt können Seele haben, wenn sie Bewusstsein, heißt, Selbstwahrnehmung, schaffen.
Wir nehmen aber kein Bild wahr, sondern unser Gehirn macht einen Film.
Deshalb beeinflusst uns die Wahrnehmung der Wohnung.

Wer führt?
Bin ich glücklich und stark?

- Stimulanz: Freude (Eingang, Wohnzimmer, Gastraum)
- Dominanz: Richtung (Arbeitszimmer)
- Balance: Regeneration, Ausgleich (Schlafzimmer)

Rock Me Tender

Musik wirkt auch doppelt erklärend, indem sie den Glauben stärkt und die Stimmung vorhergesagt.

In der geschmacksicheren Kommunikation ist es wie in der Musik. Die Grundidee soll durch die Akkorde, heißt auch, Akzente (Betonung), begleitet oder tatkräftig unterstützt werden.

Löcher und Strecken finden

Was kann eine Abwehr oder Aversion bedeuten?
Wenn nach der fünften Frage: die Antworten fehlen, dann werden die Löcher in der Kommunikation sichtbar.

Aggression hat damit zu tun, dass die Empathie fehlt. Jemand die Schuld zuweisen geht blitzschnell.

Kinder sind unordentlich, alles andere wäre besorgniserregend oder verwunderlich. Wie können Kinder Ordnung lernen? Wir können Druck nur durch durch Humor nehmen. Humor mündet folglich in Empathie.

Autofahren war früher mühselig, weil viele Hufnägel auf der Straße lagen.
Heute kann man darüber nur lachen. Humor soll nicht nur lustig sein, sondern

Übung, um 3 Stärken zu erkunden:

Dazu ist eine Zeitreise notwendig, um die Stärken zu aktivieren.

- Was *war Ihre* Motivation, um den Beruf zu ergreifen?
- Was *ist jetzt* Ihre Motivation, um den Beruf auszuüben?
- Was wollen *Sie jetzt*?

Was beendet die Tretmühle? Was macht glücklich?

Akuter Stress ist kein Problem. Auch eine Herausforderung ist kein Problem, denn sie schärft nur die Wahrnehmung.

Langanhaltender Stress löst Stresshormone aus, die den Körper vergiften. Die Folgen sind Schlaflosigkeit, Kopfschmerzen, Müdigkeit, Ohnmachtsgefühl und Verspannungen. Wobei Männer zu Herzproblemen und Bluthochdruck und Frauen zu Bauchproblemen neigen.

▲ Stimulanztyp: kennt die quirlige Freude, die Energie zum Aufbau des Spiels. Eine Aufgabe, die nicht gern absoviert wird, kann schwieriger durchgehalten werden. Wenn der Körper umgestellt werden muss, kann es einige Zeit dauern, bis Erfolge sichtbar werden. Wie lange es dauert bestimmen wir selbst.

Bei der Partnerwahl des Steinzeitmenschen zählt nicht Reichtum, sondern wer am meisten anschleppt, denn er könnte eine Familie versorgen. Also wählen Steinzeitfrauen nicht nach dem Erfolg der Jagd, sondern nachhaltig, wie lange kann der Mann das Tier zu Tode laufen. Darin zeigen sich Ausdauer, Intelligenz, Kraft und Wahrnehmung. Von der Ausdauer des Menschen hergesehen können Tiger, Puma und Elefanten nur träumen. Zu guter Letzt zählt das Teilen der Beute. Eigenschaften, die Frauen zur Ernährung der Familie sehen.
Sind Frauen von der Venus und Männer vom Mars?

Nein, Frauen haben das bessere Benehmen.

▲ Dominanztyp: kennt den Hot Spot und findet den Groove. Den Hot Spot ordnen wir der Dominanz zu, weil Domus auch Haus bedeutet. Die meisten Sportler haben den Vorteil, dass sie sich am Sportplatz so sicher wie zu hause fühlen.

Warum funktioniert die Bibel und die Partitur? Wenn die Musiker an sich glauben, den Hot Spot und die Partitur kennen, kann der Dirigent mit ihnen üben.

▲ Balancetyp: ist ein Genussmensch, der ideale Mensch, versteht das Kräftespiel von Gefühl und Emotion. Deshalb liebt er die Mitte, um Menschen zu lieben. Genuss, oder besser gesagt, Geschmack, ist, eine knappe Ressource, ein Antidepressiva und ein Luxus im besten Augenblick.

Gewinner-Formel zum Üben

Licht besteht aus Wellen und Teilchen. Obwohl es widersprüchlich klingt, betrifft es das gleiche Thema, nämlich Licht.
In vielerlei Hinsicht ist unsere Kommunikation außen real und innen abstrakt. Dadurch erkennen wir die Bedürfnisse des Gesprächspartners und sind auf der Gewinnerseite ...
Viele Künstler nützen die reale und abstrakte Welt, damit die Kunstwerke die Menschen überzeugen.

*Ich habe schon schönes Wetter
mit Regen gesehen*

*Michael Seida singt
John C. Fogerty*

Adapt and win

Supermacht Emotionen: Der Kunde möchte keine Revolutionen. Dazu ein Beispiel aus der Schule: Ein fauler Schüler bekommt die schlechtere Note und ein schlechter Schüler, der fleißig ist, bekommt die bessere Note. Warum?
Bewegung und Emotionen sind das Geheimnis des Lebens. Proteine, die nicht in die Gänge kommen, sind wirkungslos. Deshalb wollen Richter, Manager ein emotionales Erlebnis, um reagieren zu können.

Selbstmitleid kann kurzfrisitg trösten.

Über Fehler und Unwissen von früher, können wir heute nur sehr, sehr viel lachen. Der erste Computer verbrauchte den Platz eines Zimmers etc. Deshalb ist Humor der erste Schritt, um Druck zu nehmen, denn Humor mündet folglich in Empahtie.

Gemäß der Quantentheorie, verstärken wir die Energie, die wir beobachten. Das macht Denken so schwierig und leicht zugleich. Auch die Emotionen wirken supraneuronal, also, ohne Reibung.

Deshalb helfen uns die Emotionen:

- ▲ Stimulanz (Humor, Durchblick)
- ▲ Dominanz (Hot Spot und Groove) und
- ▲ Balance (Ernte, Genuss)

um Noten, Anerkennung, Werte und Verkauf in die Gänge zu bringen.

Kairos: From good to great

▲ Stimulanz: Wie kann ich die Gelegenheit (Kairos, griechischer Gott) erkennen?
Was will die gesunde Zelle?
Ganz einfach: Selektieren und kooperieren.

▲ Dominanz: Wenn niemand die Wahrheit kennt, kann Glaubwürdigkeit die Situation neutralisieren und die Organe stärken.

• **„Skin in the game"** ist ein beliebter Spruch der Trainer; der soviel wie „hinein ins Spiel", zum Stelldichein oder ran an den Partner, heißt.

▲ Balance: Eine „coole" Beziehung besteht aus Achtsamkeit. Geben und Nehmen schaffen eine Balance, Vergebung und einen Neuanfang.

• „Eine Strategie der Fußballspieler und Schachspieler ist das Konter- und Defensivspiel, heißt Umkehrspiel.
Auch die Fräse arbeitet mit der Einfachheit des Umkehrspiels, um sicher ans Ziel zu kommen.

Kommunikation ist außen real und innen abstrakt

Stoffwechel statt Stau

Werte: Ob wir lieben oder trödeln, ob ein Diamant oder ein Glas Wasser in der Wüste wertvoller ist, entscheidet jeder für sich selbst. Ob eine Wohnung, Schule groß oder klein ist, entscheidet jeder für sich selbst. Glück ist eine Frage des Vergleiches…Multitasking bringt Unzufriedenheit und verhindert die Ausschüttung des Hormons Dopamin.

In einer Gemeinschaft und im Job sollen: Werte und Tun von beiden Seiten eingebracht werden, alles andere wird als Ungerechtigkeit empfunden. Deshalb ist Gerechtigkeit eine Regel mit menschlichem Antlitz.

Tina (There is no alternative)

- Werte erzeugen die Kraft zur Entscheidung.

- Wer Werte und Tun kennt, spart sich sogar langwierige Tests und Erklärungen zum Honorar.

- Das Wesentliche, die Macht des Faktischen, die Positionierung, so Pareto im erweiterten Sinn, überwindet Hindernisse.

- Zusammenarbeit ermöglicht den Gewinn

- Geld schießt keine Tore, im Gegenteil, das Geld kommt vom Tor.

- Selbstmitleid tröstet, erschwert aber die Sicht.

Geld und Emotionen *dienen der gedruckten und der gefühlten Freiheit*

▲ Den ersten Schritt nennen wir Stimulanz
  Red Bull beflügelt, aber Flügel schaffen Freude und Werte. Wir können uns sogar langwierige Tests ersparen, wenn wir die Neugierde spüren.

▲ Die zweite Phase nennen wir Dominanz
  Warum verdient ein Dirigent soviel wie das Orchester? Werte, die auf das Tun bezogen werden, bestimmen des Preis … (!).
  Aus dem Hamsterrad sind wir erst heraus, wenn wir für unsere Arbeit Geld oder Anerkennung bekommen.

▲ Die dritte Phase nennen wir Balance oder Ausgleich. Geld kommt von Vergelten, Vergüten, Ausgleichen…

Schau mir in die Augen, Darwin!

Auch Darwin irrt streckenweise, wenn er meint, dass diejenigen überleben, die sich anpassen. Der Pfau hat sich der Natur nie angepasst und lebt trotzdem, er ist weder schnell noch stark, sondern schön symmetrisch.

Die Ratio allein, führt zu keinen Entscheidungen. Mit Emotion kann ich neue Ziele erreichen und Beziehungen aufpeppen.

Oder gibt es ein Vernunftauto? Unsummen werden für Autos bezahlt, die wie ein Säbelzahntiger wirken.
Wie sieht ein Handy von Rembrandt aus?
Wie singt das Kniekelchen?
Wie sieht ein Name färbig aus?
Was sagt das Wasser im Fluss?
Kann Bewegung Spaß machen?

Raster macht Zaster:

Personalstrategie ist Unternehmensstrategie	Stimulanz	Dominanz	Balance
	Sonne, Licht	Baum	Erde
	Werte, Erkenntnis	...aktivieren Entscheidung	Genuss ...
Aufbau	Interesse an	Ranking	Umsatzerwartung
Akquise	Wohin geht die Reise?	Was tut es?	Feedback
Aufträge	Forschung	Kostenrechnung	Bilanz
Zeit, Kosten Ort,			

Kommunikation ist außen real und innen abstrakt

Was bleibt? Emotion und Glaube

Gleichgewicht: kooperieren
Geschmack
Lyrik
Form

Balance

Stimulanz   Dominanz

Knipsen   *Knistern*

Freude, Sinngruppe   *Punkt für Punkt abar-*
Werte, Urenergie   *beiten*
Aufgaben: Farbe, Stil   *Atmung: Rhythmus*
geben   *geben*

Ideal machen es die Dirigenten, sie sind Führungskräfte und werden mit einer hohen Lebenserwartung belohnt.
Die Ratio verleitet zum Grübeln, Emotionen (Bewegung) aktivieren die Entscheidungen ...

Kommunikation ist außen real und innen abstrakt

Natur ist das Übersein

Aus der Beobachtung von Naturereignissen haben chinesische und europäische Ärzte auf den menschlichen Organismus geschlossen. Das Bewusstsein, wie der Name schon sagt, ist das Sein. Die Natur, die von uns nicht erschaffen worden ist, ist deshalb das Übersein, obwohl wir sie bewusst wahrnehmen und beeinflussen.
Platon und Aristoteles berichteten über die Heilkraft der Naturelemente. Deshalb sind die symbolischen Darstellungen aus den vier Elementen: Erde – Feuer – Wasser – Luft: „die Schöpfung" und der Ursprung der Kunst und der Sprache. „Begeisterung" für die Schönheit der Welt, Bewunderung für die Schöpfung sind die ersten Ideen des Menschen. Aus dem Erleben der Bewunderung der Schöpfung und der Natur entstehen die Ideen für Formen, die das Selbstgefühl ausdrücken.

Was ist der Unterschied zwischen östlicher und westlicher Medizin?
Die Schulmediziner fragen vorrangig nach dem „Warum" einer Krankheit und die östlichen Mediziner fragen nach dem: „Wie" kann ich gesund machen?

Wenn Sie die Natur vor sich sehen, wie stark ist Ihre Reflexion, um
- Denkmuster und Ziele zu durchschauen
- Feedback und Reflexionslernen als Motor für Entwicklung und Selbstgefühl zu nützen.
Was fühle ich bei einem Geldschein? Was fühle ich bei Zeit? Was bei meinem Tun (Ergebnis)? Wir können vieles mit Geld kaufen. Aber haben wir die Zeit und die Liebe dazu?

Emotionen, Hormonkur

Emotionen sind die Hauptdarsteller unserer Untersuchungen, weil:

- Fachwissen, das Wesentliche (Dominanz) mehr Anerkennung, bessere Noten, will heißen, Honorar bringt
- sie Hormone (griech. Antreiber) anregen
- Östrogene (griech. Leidenschaft) Ausdauer und Knochen stärken
- Dopamin ein Belohnungs-, Glaubens- und Religionshormon ist, wenn wir das Wesentliche erkennen und die Gedanken schärfen
- Testosteron ein Kraftspender ist, der die Muskeln, den Jungbrunnen und die Fortpflanzungsfunktion aufbaut, uns Kräfte verleiht und der Dominanz zugeordnet werden kann
- Oxytozyn, das Berührungshormon (Kuschelhormon), die Stresshormone rasch stoppt, Energie fördert und der Balance zugeordnet werden kann
- Content King ist
- haptische Erlebnisse den Wert beeinflussen
- eine nominale Geldpolitik: Vertrauen bedeutet

„Und jedem Anfang wohnt ein Zauber inne,

der uns schützt und hilft", hat Hermann Hesse gesagt. Eine Präsentation ist gut, wenn wir verstehen, was das Produkt (die Dienstleistung) tut.

▲ Stimulanz: Gute Stimmung und Content: Werte für die Aufgabe oder Produkt darstellen
▲ Dominanz: Was tut es? Struktur, Positionierung, Buzzwords
▲ Balance: Genuss der Zusammenarbeit, Ernte

Die NEK-AG Formel für Präsentationen:

Name: Ich bin...
ESP®: Wenn die Produkte immer ähnlicher werden, können nur die Emotionen Unterscheidbarkeit bewirken.
Warum mache ich....Tätigkeit, Job? Story:...
 Eine Präsentation beinhaltet ein haptisches Erlebnis, um den Wert zu stärken; zum Beispiel Bilder, ein Film, Geräusche. Werbung, Verkauf ist wie eine Liebesbeziehung, es geht nicht darum, dass ich gut bin, sondern „es", die Situation gut ist; dann kann man „klimpern".
Kunde:...

-AG
Ansprechpartner: Ich möchte/suche....
Gedächtnisanker: Slogan/Name/Reim:.......

PS: Der Kunde sucht nicht nur eine Begründung für das Produkt, sondern erwartet die Weiterentwicklung.

PRÄSENTATION *ist eine Liebesbeziehung*

Stimulanz:
Kleider macht Beute Lebensmittel und Getränke können in weißen Bechern gleich gut schmecken, erst durch die Marke schmecken die Produkte anders. Emotionen, Ideen, Mode und Kunst können den Wert eines Produktes so stark erhöhen, dass uns der „Atem wegbleibt".

Dominanz:
Erzählen Sie nicht, was es ist, sondern was es tut und verwenden Sie dazu Bilder und Referenzen. Auch Musiker wie die Rolling Stones haben nie Vinylplatten, Silberscheiben oder Downloads verkauft, sondern ein Lebensgefühl.

Dysdominanz:
Gemäß der „broken windows theory" symbolisieren zerbrochene Fenster: ein Durcheinander, und mindern den Wert.

Balance: Die Krähen sagen: „ Krah, Krah" und meinen damit: „ich bin da, ich bin da", auch der Kunde möchte nicht alleingelassen werden.

Kreislauf der Entscheidungen:
Größe beginnt mit Kleinheit

▲ Stimulanz: Wir spüren keine Widerstände, solange wir Werte ins Tun umsetzen.

Übung: Tradition ist nicht Anbetung der Asche, sondern die Weitergabe des Feuers. (G.Mahler) Auch Trainer und Lehrer trainieren die Mannschaft oder die Schüler, solange sie die Begeisterung weitergeben können.

▲ Dominanz: Neue Erfindungen kommen öfter von den Jägern, denn Konzerne sind lahme Enten. Offensichtlich hat Nokia: Erfindungen weder zugelassen noch Produkte richtig weiter entwickelt.

▲ Balance: Die Balance hilft uns, die unterschiedlichen Geschwindigkeiten der Menschen zu erkennen. Dadurch spüren wir was wir kürzen oder strecken möchten.

Kommunikation ist außen real und innen abstrakt

Dem Balladeur ist nichts zu „schwör"

Wenn wir uns zuwenig bewegen, atmen wir immer flacher. Wer den Atem kennt, ist nicht nur entspannt, sondern aktiviert. Gefühle und Trauer sind der lebendigste Ausdruck des Lebens.

Deshalb sei sooo cool und nütze den Atem damit Geist und alles Fließende von Zelle zu Zelle und von Raum zu Raum, erhalten bleibt.

Masterclock sind Musik und Licht: Musiker, Dichter und Mönche haben den Rhythmus wunderbare, nahezu unglaubliche Kraft erkannt, denn der Rhythmus, der Reim und der Refrain vernetzen das Gehirn (Planck-Institut).
Das Licht ist eine Masterclock, da es motiviert und das Energie- oder Chibewusstsein zügelt.

„Schrumm..."- und der Song der Beatles „A Hard Day`s Night" beginnt. „Die Beatles spielen in ihren Liedern den Dreivierteltakt gegen den Viervierteltakt", erklärt Jason Brown.
Goldene Schnitt wird im Rhythmus unterschätzt, denn er mobilisiert auch wunderbare, nahezu unglaubliche Kräfte, im erweiterten Sinn von Himmel und Erde.

Auch der Mensch besteht aus dem Goldenen Schnitt. Wenn wir uns des Goldenen Schnittes bewusst werden, entstehen Vitalität, Harmonie, Kommunikation, Gefühle und Ordnung.

Kommunikation ist außen real und innen abstrakt

Sprich wie Du willst

Eliteformel

Die Kommunikation ist außen real und innen abstrakt. Dadurch bleiben wir im Gespräch entspannt und schlagfertig.
Eine Situation, ein Werk (W) oder ein Mensch bleiben unberechenbar (chaotisch), wenn wir keine Feedbackschleife ziehen. Damit Tiefenhörer verhandlungssicher und sogar geschmackssicher bleiben, nützen sie die Feedbackschleife, um das Weltbild des Gesprächspartners zu erkennen.

$$C = W - F$$

$$W = C + F$$

Buzzword: Sprich nur ein Wort

Wir gewinnen die Verhandlungen, wenn wir bei den Bedürfnissen reales und abstraktes sehen, hören und fühlen.

Übungen:

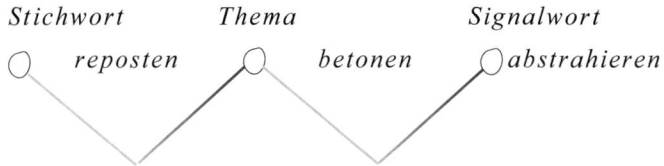

Stichwort — reposten
Thema — betonen
Signalwort — abstrahieren

Kommunikation ist außen real und innen abstrakt

Verhandlungsfallen:
Löcher in der Abwehr

Auf gedopte Sportler wirkt das Doping wie ein Placebo für erhöhte Siegchancen. Bereits im Training, so berichten gedopte Sportler, fühlt man sich erleichtert und schon als Gewinner; obwohl es schadet.

Trauerphasen sind eine Störung eines gewohnten Musters. Ein trauriges oder gar wütendes Gesicht ist auch nicht schlecht, denn es vermittelt mehr Stärke als ein Dauerlächeln. In Bezug auf das Altern nehmen die Glückshormone ab, aber die Stresshormone bleiben...

I wanna hold your hand
Konflikte sind am Beispiel von Jugoslawien einfach erklärt. Die meisten Konflikte sind Revierkonflikte; logischerweise folgt die Scheidung. Nach der Scheidung fällt der Revierkonflikt weg (beziehungsweise manche Menschen haben keinen Revierkonflikt) und die Menschen wollen sich wieder lieben.

Pink Floyd haben in ihrem Album „The Wall" die Gefühle der Menschen als Brick bezeichnet... „Das bedeutet einerseits Ziegel und andererseits Kumpel." Gefühle sind: was wir fühlen, Emotionen sind: was wir bewegen.
Um richtig zu fühlen, heißt, Bewusstsein zu entwickeln sind wir kaum vorbereitet, deshalb kommen die Emotionen, die Berührung und Bewegung zu kurz.

Viele Menschen machen sich das Verkaufen schwer, indem sie zuerst an Lösungen denken, obwohl es vorrangig um Vertrauen geht. Auch Polizisten stellen im Gespräch ein Gleichgewicht her, um Vertrauen zu erzielen.

Lügner überbrücken eine Situation mit drei Emotionen: einem asymmetrischen Gesichtsausdruck (künstliche Lächeln) sowie Schuld und Angst (Ekman), die sich in starken Stimmungsschwankungen ausdrücken. Deshalb haben Lügner das reflexartige Verlangen nach einer Rechtfertigung.

Resilienz

Medizinisch betrachtet beginnt Unverwüstlichkeit mit einem starken Immunsystem, indem wir die Helferzellen, die Regulatorzellen, Fresszellen und die Plasmazellen stärken, damit wir die schädlichen Bakterien und die Virusbande ausscheiden können. Last but not least gibt es noch die Killerzellen, die problematisch sind, da sie zwischen Freund und Feind nicht unterscheiden können. Dabei stirbt die Tumorzelle bei 43° C. Unter Stress schaltet der Körper das Wachstum und das Immunsystem ab, weil er sich im Kampfmodus befindet.
Tiere sind unsere besten Freunde für ein Immunsystem, da es unter Bauernkinder zum Beispiel kein Asthma gibt.

Kommunikation entscheidet über Glück

Die Lunge extrahiert die reine Energie (aus der Luft) und reguliert die physiologischen Aktivitäten. (TCM)

Es gibt Menschen, denen tut das aerobe Traning, wie Joggen, Wandern, und anderen das anaerobe Training, wie hohe Belastung und Zirkeltraining, gut, um in kurzer Zeit fit zu sein.

Wie schon Durkheim festgestellt hat, zeichnen sich religiöse Rituale oft durch synchrone, nicht selten auch durch physisch fordernde Handlungen aus.
Es gibt Hinweise, dass Gehen und Musizieren in der Gruppe Opioide im Hirn freisetzt, und auf diese Weise Bekanntschaften stärkt.

In der TCM wird die Lunge dem Himmelsfenster und die Atmung dem Loslassen, Reflektieren und Wandeln zugeordnet, um Glück und Energie zu bündeln. Deshalb idealisieren Sportler die Bewegung, weil sie Freiheit spürbar macht:
Bewegung ist eine Liebesbeziehung: Das hormonelle Glücksgefühl („Bewegungs-High", um Schmerzen zu dämpfen) gibt es tatsächlich, nur entsteht es nach 60 Minuten und etwas früher beim Gruppensport. (Oxford, Emma Cohen, Studie an Spitzenruderern)

Bewegung erfrischt den Körper, die Psyche, das Immunsystem und nachweisbar die Fähigkeiten der Schüler, weil die Parameter für den Stoffwechsel verbessert werden. Fasten bewahrt die kognitiven Fähigkeiten (Rush University) und wirkt für die Zellen wie eine Müllabfuhr, heißt die Zellen vernaschen sich selbst.

Nach ungefähr sechs Kilometern sind die Kohlehydratreserven (Zucker) aufgebraucht, danach verbrennt der Körper Fett. Dabei verringert sich das Tempo und Unwohlsein kann eintreten; denn jetzt lernt die Muskelzelle vom Fett zu naschen. Deshalb macht es Sinn zuerst sieben Kilometer zu trainieren, und wer will, kann sich steigern.

Drei Faktoren sind für die individuelle Leistungsgrenze von Läufern ausschlaggebend: Sauerstoffaufnahmefähigkeit, Beinmuskulatur und Schwungmanagement. Größere Muskeln können mehr Kohlehydrate als Glykogen speichern, und ohne Sauerstoff können die Muskeln die Glukose nicht vollständig aufschließen.

„Zensucht" Wer das Schwungmanagement aus Aufgabengröße und Geschwindigkeit nicht findet, hat weniger Chancen. Wir beginnen mit: small is beautyful, denn das Kleine: schafft das Große.

Wie erkennt man eine Olympiasiegerin?

Die Emotionen der Olympiasiegerin aus Peking und London, Shelly-Ann Fraser-Pryce, über 100 Meter.

▲ Stimulanz: Entschlüsselungsfreude, Muße
▲ Dominanz: « Rhythmus »
▲ Balance: Genuss beim Laufen

Das Herz einer Katze ist so weich wie eine Samtpfote und so scharf wie eine Kralle.

Wie erkennt man einen Coach?

Wer gute Arbeit fordert, muss 100 Fragen kennen.

▲Stimulanz: Werte und Sinngruppen erzeugen Urenergie für die Entscheidungen

▲Dominanz: Schwungmanagement aus Aufgabengröße und Geschwindigkeit, Richtung, die Macht des Faktischen (Jellinek)

▲Balance: Zusammenarbeit und Feedback vermeidet Chaos

Lernen mit Freude und Glaube

Humphrey Bogart war trotz seiner geringen Körpergröße ein großer, erfolgreicher Schauspieler ...

Daniel Tammet lernt eine Sprache in „einer Woche ..." Lösung: Er knipst sich an das Ziel heran und lässt die Wörter knistern. Deshalb lernt er die Sprache vormittags durch Lesen von Kinderbüchern ... (!)

Am Nachmittag flaniert er mit einem Sprachcoach durch die Stadt und besucht Galerien, Museen ... Er sieht Farben und Formen, wo die meisten spröde Zahlen oder graue Wörter verstehen. Gefühle, Farben, Formen verbinden sich rasend schnell mit den Wörtern. Er verbindet Wörter mit „*Scht*" wie Strecke, Strich mit Entfernung und Schnee. Im Wort Gras steckt schon das Wort Grün drinnen und im Wort Kn steckt Knospe, Knödel. Vogel bedeutet Feder, Flugzeug, Engel; und A will heißen: Wagen, Kragen, Magen.

Ein schönes Lied, um Bewusstsein zu spürbar zu machen ist: „What you're proposing" von Status Quo.

Rock `n´ Roll

Sitting kills, wussten schon die alten Griechen. Bereits Platon wanderte mit Akademos im Hain, denn Bewegung bewirkt Rhythmus und schaffte so das Fundament des Denkens.
Die Liebe zur Bewegung ist nicht nur Arznei, sondern steht auch für soziale Kompetenz.

Musik und Essen sind eine Klangrede und um beides zu genießen, braucht es Ruhe. Dadurch entdecken wir unser Selbst, unsere Liebe, die weder produzieren noch kaufen können.

Akademos würde sich wundern, wenn er wüsste, dass die Stätten der Wissenschaft seinen Namen tragen.
Es kann Zeit dauern und sehr viel Übung erfordern, bis der Körper auf

▲ Stimulanz (einschätzen, Freude)
▲ Dominanz (bewegen, konzentrieren)
▲ Balance (genießen, kooperieren)
eingestellt ist.

Verkaufen und Werte genießen
sind keine öde Theorie

3 K Formel:
▲ knipsen: Die Gedächtnismeister fotografieren sich ans Ziel heran, aber auch um das Ziel einzuschätzen. Dabei können sie sich komplett konzentrieren.
▲ knistern: handeln, machen
▲ kooperieren: Das Schönste an der Liebe ist die soziale Kompetenz.

Kommunikation ist außen real und innen abstrakt

Komm wie Du willst:
Schaffe Himmel und Erde

Leonardo da Vinci hat den goldenen Schnitt dem himmlischen (göttlichen) Element zugeordnet. Auch für moderne Mathematiker beginnt Mathematik ab den unendlichen Zahlen und dem proportionalen Rechnen.
Die berühmtesten Bilder der Welt, wie Mona Lisa, Bauwerke, wie Notre-Dame, die Blüten, Schmetterlinge, Seesterne, sogar die DNA, auch der Bauchnabel, die Atmung, Mode und Rhythmen spiegeln den goldenen Schnitt wider.

Wenn wir eine Blume oder die Natur betrachten, dann fällt uns die Wiederholung vieler Proportionen auf. In der Blüte sind nicht nur viele, sondern auch die schönsten Formen des Lebens enthalten. Solche Bilder können die Präsentation harmonisieren.

Bilder der modernen Kunst wirken genauso, nur reduzieren und verfremden sie den goldenen Schnitt.
Nicht die Situation stresst oder bremst uns, sondern wie wir darüber denken. Deshalb dachte Leonardo da Vinci darüber nach, was passiert, wenn er es nicht tut.

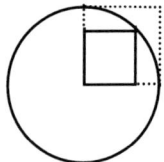

Leonardo da Vinci, Notre-Dame, Blumen, Atmung, Seesterne: Proportion (goldenes Verhältnis, Teilung der Seele) vernetzt die Zellen.

Du fragst nach den Rosen
Lauf vor den Dornen nicht davon
Du fragst nach dem Geliebten
Lauf vor dir selbst nicht davon

Rumi

Schnellkurs für Zeitideologen

Der Auktionator weiß, dass die Wirtschaft den Preis, aber nicht den Wert, kennt. Den Wert bestimmen die Auktionäre.
Geschmack, so Paul Breslin, besteht aus einem Gegengeschmack. Als Einstein die Relativitätsthorie entdeckte, war er ein Niemand. Das macht Mut. Erst 10 Jahre später wurden seine Fähigkeiten erkannt. Physik ist eine Baustelle, deshalb gibt es auch Einsteingegner, da sie meinen, dass die Relativitätstheorie wie eine Religion behandelt wird.

Übung:

Wenn ein Teich nach 47 Tagen zur Hälfte mit Seerosen zugewachsen ist, dann ist er nach 48 Tagen ...?

Zur Gänze mit Seerosen bedeckt

Was bedeutet:
Fisch, Meer, Schiff?
Holz, Blatt, Rinde?

Was bedeuten die Zahlen?
3 - 2= 1, 2 + 3 = 5, 2 + 3 = 7
6 +5 = 1 1

In den Ergebnissen kann man Fehler und Primzahlen sehen. Auf alle Fälle unterliegen wir unserer eigenen Interpretation oder Sichtweise ... Wie bitte?

Kommunikation ist außen real und innen abstrakt

In die Gänge kommen

• *Menschen scheitern an der Mathematik oder Latein nicht, weil sie kognitiv nicht dazu in der Lage wären, sondern weil Emotion und Kommunikation fehlen.*

Lernbooster
•Sogar ein einfaches Foto, Bilder und Musik können Seele haben, wenn sie Bewusstsein schaffen.
Menschen bewerten Inhalte und Personen höher, die ihnen nahestehen. Wenn der Vortragende lernt, dann können auch die Zuhörer lernen: denn Lernen ist keine Blackbox, sondern ein offener Prozess. (Hattie-Studie)

• Aufbau
Die Qualität der Aufgabe kann durch Übersichtsfragen, Abgrenzungsfragen, Detailfragen, Beispielsfragen, Zusammenhangsfragen und zu guter Letzt mit Post-it-Klebern, unterteilt werden.

• Linie, Aufbruch
Das Wesentliche, die Stichprobe der Entscheidungen, bewirkt Sicherheit. Auch Feedback vermeidet Chaos sowohl beim Lernen als auch beim Präsentieren. Bewegung ist auch beim Lernen und Präsentieren sinnvoll, denn ein Körper, der nicht in die Gänge kommt, lebt nicht und vergibt die besten Chancen.

• Kommunikation
Auch Manager haben Angst vor der Kommunikation und Präsentation, wenn ihnen der Humor fehlt, sie sich nicht mit Bewusstsein und Emotionen beschäftigen.

Fitamin

„Gemüslich" handeln: Eine Ernährungsweise ohne Vitamine und ungesättigten Fettsäuren wird zu Mangelerscheinungen führen. Die Stimmung steigt, denn die Mittelmeerküche, die aus Olivenöl, Fisch, Gemüse und Kräuter besteht, wirkt positiv auf die Seele.

Verknallt noch mal und Rock `n´ Roll:
Bewegung ist eine Liebesbeziehung

Selbstmangementübung:
Zu große Ziele wirken demotivierend und zu kleine Ziele bieten zuwenig Anreiz.
Um beim Schwimmen zu schweben kombinieren wir die Emotionen Bewegung und Kontrolle.

☼ Vitamine: kurbeln den Stoffwechsel an

- Heißhunger: wird durch Insulin, Stress (negatives Feedback) verursacht. Dagegen hilft das Licht als Masterclock, da es den Appetit zügelt.
- *Die Ernährung soll so sein, dass die Energie gleich verteilt wird.*
- Beeren machen „bärenstark".
- Eiweiß: baut die Zellen auf

- Zucker ist das Strohfeuer der Verbrennung
- Obst, Gemüse sind die Äste der Verbrennung
- Fett ist die Kohle der Verbrennung

Der Sternekoch,
der deinen Namen trägt

Wohlfühlrezepte machen glücklich, weil sie den Menschen in die Mitte bringen. Genuss oder besser gesagt Geschmack, ist, der Gott der kleinen Dinge.

✿ Jägersalat mit Radieschen, Chicorée mit Datteln

- Kohlrabisuppe mit Forelle, Zweibeln, Weißwein, Gemüsesuppe, Zitronensaft, Oliven, Kaffeeobers
- Kartoffelsuppe mit Gnocchi oder Kaspressknödeln oder Basilikum oder Safran, Kaviar oder Lauch, Kresse
- Maronisuppe, Topinambursuppe mit Feigen
- Tomatensuppe mit Marillen
- Karottensuppe, Kürbissuppe mit Ingwer
- Spargelsuppe mit Erdbeeren
- Maissuppe mit Haselnuss und Kresse
- Lachssuppe mit Walnuss
- Fischsuppe mit Zucchini, Safran, Karotten, Stangensellerie, Lauch, Schalotten, Fischfond, Paradeiser, Dorsch, Lachs, Muscheln, Sahne, Dille, Crème fraîche, Eigelb, Knoblauch, Zitrone, Olivenöl, Salz

- Spirallnudeln mit Chili, Tomaten, Kapern, schwarze Oliven, Basilikum, Knoblauch
- Gurkenrisotto mit Walnüssen, Dille etc.
- Polenta mit Basilikumbutter, Knoblauch, Milch

- Beerennocken: Milch, Mehl, Beeren kochen und anschließend formen sowie mit Zucker, Vanille bestreuen
- Polenta-Kuchen mit Milch, Butter, Wasser, Salz Backen und in Olivenöl mit Thymian, Rosmarin oder Salbei knusprig braten.

Durchblick und Freundschaft

Licht besteht, wie wir wissen, aus Wellen und Teilchen, so widersprüchlich das klingt, so abstrakt ist das Thema, will heißen, die Welt ist außen real und innen abstrakt.

Das Tika-Taka-Management nützt die Schwarmintelligenz, um einfach, sparsam an das Ziel zu kommen. Das Tika-Taka-System, wie es Zugvögel anwenden, hilft große Strecken zu überwinden, indem der eventuell schwächere Vogel „mit gleicher Kraft" im Windschatten des stärkeren Vogel fliegt. In Summe spart die Schwarmintelligenz oder das Tika-Taka-Management 30 Prozent Energie. Auch Fehler sind erlaubt, schmälern aber nicht die Zusammenarbeit.

Die Gesellschaft ist immer mit unterschiedlichen Geschwindigkeiten unterwegs, hier flott und bissig und dort langsamer, weicher und kreativer.

Was bedeutet Erfolg, Kommunikation?

Mit sich im Klaren sein: Die Quantentheorie erklärt uns, dass wir Energie verstärken, die wir beobachten; sowie Magnetismus und Elektrizität.

Wobei das Löschen alter Informationen Energie kostet, aber neue Informationen bekommen wir zum Null-Tarif. Emotionen wirken zwar supraneuronal, also ohne Reibung. Deshalb macht das Löschen alter Informationen Gesundheit nicht gerade einfach.

Wie können wir aus der Tretmühle ausbrechen?

Es ist schön mit Menschen zu arbeiten, die die natürlichen, künstlichen und menschlichen Emotionen kennen.

Wie sehe ich mich?

Übung:

Wie kann ich zwischen Stimulanz (Vision, Freude) und Dominanz (Glaube) spielen?

Warum hat keine Telefonfirma in die nächste Generation für Telefone investiert? Warum hat kein Eisverkäufer in Kühlschränke investiert?

Deshalb die grundlegende Frage wie ich mit mir umgehe:
Was ist größer als eine Büroklammer ..?

Das Wort ist ein Donner oder ein
Glühwürmchen.
Das Wort ist mächtig.

Mark Twain

Reale und abstrakte Welt

Im erweiterten Sinn von Mark Twain kommuniziert auch das Kunstwerk; ihr Wort ist ein Donner oder ein Glühwürmchen. Kunst ist mächtig, wenn es die reale und abstrakte Welt verbindet. Allen großen Künstlern, wie Paul Klee, Picasso, Van Gogh, Jasper Johns, ist es gelungen die abstrakte und reale Welt zu verbinden.

Woran wir denken
und
wofür wir danken,
das wird uns gelingen.

J. Demartini

Wer befreite Mut und Stolz aus dem Marmor?
Michelangelo.

Wie heißt das Wahrzeichen von Florenz für Unbeugsamkeit?
David.

Das bekannteste Werk von Michelangelo steht in Rom. Hier malte er die Sixtinische Kapelle aus. Hier geht es um den Menschen, die nackte Wahrheit. Jenseits vom höfischen Reichtum ist die Botschaft: Das Wesentliche ist da! Ihr müsst euch nähern.

Jung bleiben

*Im Roman „Der zerbrochene Krug"
wird auf poetische Weise erzählt, dass der zerbrochene Krug auch Vorteile hat, denn durch das verlorene Wasser am Wegesrand werden Blumen gegossen.*

Was tun bei Herzattacken?

Wenn das Herz schwach wird, wird der Mensch bewusstlos. Nach so einer Siuation ist ein Bypass ideal, da er dem Herzen einen schwachen Stromstoß gibt, damit er lebt.
Bei einem Flimmern in der Herzkammer, wollen die Zellen, dass das Herz schneller schlägt.

In so einer Situation ist es entscheidend vorbereitet zu sein, um in die Mitte, in das Tao oder die Glaubwürdigkeit zu gelangen.
Hinzu kommt, dass unser Gehirn Mängel höher bewertet als das Gute. Wir scheitern also nicht an den Fehlern, sondern an der Kombination aus Trotz, Mitleid und Panik (Stress). Beim Sport oder bei Leistungen allgemein ist zu beachten, dass es dem Gehirn egal ist, ob man Mann oder Frau ist.

C. G. Jung hat direkt gefragt: „Willst du gut oder ganz werden?"
Wenn wir ganz werden wollen, dann brauchen wir dem Schatten keine Bedingungen stellen, sondern den Schatten als Baustoff für Glück und Energie erkennen.

Gott, Werte und die Welt

Der Körper ist der Bogen, Bewegungen sind der Pfeil, das Wissen (der Geist) ist das Ziel.

Für mich ist das Herz ein Wundertäter. Bei den alten Ägyptern wog das Herz des Gerechten nicht mehr als eine Feder. Für die Asiaten ist das Selbst die Wahrheit, das durch bewusste Handlungen: „Shibumi" genannt, tonisiert und gestärkt wird. Unser Leben, die Marke, was wir tun, hängt von „Mu shin" ab, das so viel heißt wie: Der Geist ist bei mir und dennoch frei.

Religionen sind Bekenntnisse und keine Philosophie, weil sie keine Methoden anbieten, sondern Antworten geben und die Dinge mit dem Glauben lösen wollen. Gebet, Buße und Almosen spenden sind die Basis der Religion.

Die Bilder großer Künstler, wie Picasso und Rembrandt energetisieren uns, weil Licht: Dunkel und Farbe: Linie anziehen. Die isomorphe (gleichbleibende) Wirklichkeit besteht aus real und abstrakt, Foto und Röntgenbild, Schloss und Schlüssel, Noten und Musik.

Aufbau (To-Do Liste), Akquise, Aufträge,